AF212248

Benjamín
Santiago Montiel

NOMBRE MUERTO

Benjamín Santiago Montiel

NOMBRE MUERTO

PRÓLOGO
VIOLETA NIEBLA

{ NOMBRE MUERTO
Benjamín Santiago Montiel }

Colección: Letra Canina, 4
Primera edición: marzo 2024

© 2024, de los poemas, Benjamín Santiago Montiel
© 2024, de la cubierta, Martín de Arriba
© 2024, de la edición, Ángelo Néstore & Violeta Niebla
© 2024, del prólogo, Violeta Niebla

Dirección editorial: Ángelo Néstore (Letraversal)
Edición: Ángelo Néstore & Violeta Niebla
Diseño: Martín de Arriba
Maquetación: Letraversal
Ayuda a la edición: Noa González Sirgado
Corrección: Aurelia Duchemin

ISBN: 978-84-127137-7-0
THEMA: DC DCF
Depósito legal: MA 1651-2024

Impreso en España por Safekat · *Printed in Spain*
Bajo el cuidado de Rubén González Domínguez

LETRAVERSAL
www.letraversal.com

*Este libro se ha impreso gracias a la colaboración del
Vicerrectorado de Cultura de la Universidad de Málaga.*

PRÓLOGO

El libro de poemas de Benjamín ha tenido que esperar a que le salga a él la barba y le cambie la voz para salir al mundo.

En el primer poema que escribió Benjamín en una sesión de los pUMAS pegó una compresa en el alicatado de un baño masculino. Allí, en ese poema, que irónicamente se ha eliminado del libro, empezó este proyecto. Fue como una guantá sin mano. Recuerdo perfectamente su cara de satisfacción cuando terminó de leerlo. Sabía que estaba acudiendo al nacimiento de algo importante y a un enterramiento a su vez. Un funeral de color rosa chillón como me imagino yo su sangre. Un chicatazo que bien podría bañar la cubierta de este poemario.

Este libro empieza con una trenza dentro de una caja y termina dando un volantazo. Este libro es una pancarta gigante activista. Este libro es un manifiesto. Una terapia de grupo. Un manual. Un libro de instrucciones. Un diario. Pero también es un baño público, un agente de tráfico haciéndote una señal que no sabes si significa que quiere avances o te detengas. Este libro es un probador. Un *bildungsroman*, un poemario de aprendizaje.

Benjamín tiene un imaginario muy concreto, las ideas muy claras, el pelo muy lacio y aunque yo le digo que tiene un problema con los títulos (no sabéis lo difícil que ha sido dar con el del libro), se podría también hacer una lectura diagonal con solo leer los títulos de los poemas. Cruzaríamos el libro como quien traza una línea en un mapa y terminaríamos sabiendo dónde estamos. Mucho mejor que la voz indicadora de Google Maps. Porque Benjamín es un ser hospitalario. A él le gusta mirarte a los ojos cuando te saluda, sonríe sinceramente, agacha un poco la cabeza como en señal de respeto, te toma la mano y te lleva al interior. Te va a enseñar, de una en una, todas las estancias de su transición.

VIOLETA NIEBLA

A mi madre y a mi padre, por guiarme en la vida.

A Violeta Niebla, por guiarme en la palabra.

de mi infancia conservo
una trenza de pelo castaño oscuro
del mismo color que un ataúd
está envuelta en una bolsa
de plástico translúcido

no me atrevo a deshacerme de ella

La infancia es una caja donde metemos todo lo que sobra

I am unsure that I have enough names
to be something other than what I am

LOGAN FEBRUARY

Camino en un laberinto:
el recorrido es
una comparación
con mis iguales.

Entre estas paredes
no puedo distinguir
quién me rechazaría
o se parece a mí.

Intento competir en
un juego amañado
no sé reconocer
cuándo me gusta un niño
o si solo quiero ser
como él.

Como quien pela una cebolla

Hay varias formas
de dejar de ser uno mismo:
coger las capas de la piel
y arrancarlas una a una
como si la carne
tras la que se oculta
fuera nueva.

O puedo lavarme las manos
con lejía a diario, frotando,
hasta que las huellas dactilares
se borren.

Así quizá consiga
eliminar lo impuro.

un trozo de tela
me distribuye la grasa
siguiendo órdenes
ajenas a mí

resalta solamente
las partes que odio

Pus en los agujeros de las orejas

La ropa funciona como
el chivato de la infancia:
un rosa palo
desvela la inscripción
tras una chapita de oro.

A este bebé le hablan
como si sus pliegues
corrieran el peligro
de separarse por completo.

La distinción llega
con los pendientes
de acero inoxidable.

No notas el peso
hasta que estás en la fila
de los juegos de palmas,
el elástico
y las cuerdas.

Una línea puede romperse
con la facilidad
que las tijeras quiebran el pelo
y los pendientes se destiñen.

Pero en este colegio
no está permitido
cambiarse de sitio.

Corte a lo garçon

Acudo a la peluquería
siguiendo los pasos
de mi propio castigo.

Me imagino el lavabo
como ácido que desintegra
lo que me convierte en
la niña que dicen que soy.

No quiero que me digan
que parezco un niño
porque como me guste
no habrá vuelta atrás.

Elegir un nombre masculino jugando es una declaración de intenciones

A Sara Zanellato

El primer día que jugué a las casitas
le dije a mi vecina que yo sería
un secreto que no podíamos contar a nadie:
me convertí en niño, hijo, novio, padre.

Es normal jugar a ser otra persona.

En el colegio me disfrazaba de farsante
y al volver a casa me vestía
con camisetas de mi primo.

Ella nunca supo que yo solo existía
cuando jugábamos juntos.

Arrancarle el pelo
a mis juguetes
fue mi mayor manifestación
contra el género.

El profe Antonio me deja elegir juguetes por mi buen comportamiento

Me coloco frente a una estantería
bajo la mirada atenta
de niños de tres años;
cada balda sostiene una mezcla de
lo que debería ser
lo que me gustaría
y lo prohibido.

Ellos aún no conocen
las obligaciones que
acompañan a la madurez:
el color rosa y el azul
todavía son ambiguos.

Los juguetes, aquí,
se pueden compartir
sin mirar el cuerpo ajeno.

Cierro los ojos y veo
el salón de mi casa,
tras las puertas
una barrera invisible
no permite a nadie juzgarme.

Mis manos, torpes,
todavía piensan que sigo allí
y cogen un tractor.

Un niño entiende las cosas
antes que un adulto

A Javi Salinas

Mi amigo nunca vio raro
el pelo corto de mis Playmobil
nombres nunca terminados en -a

yo tampoco lo veía raro
pero él fue el único
que no se sorprendió
cuando le dije:
tenemos que hablar.

una cinta de vídeo analógica
enseña a un niño el día de Navidad
Papá Noel ha llegado a su casa
le trae un regalo
el niño lo abre

la cámara captura cómo
él quería el regalo de su hermano

Mi madre me cambia de colegio
porque no juego con nadie

En el Toys"R"Us siempre recorro
el mismo camino.

Me acerco a los coches,
las pistolas Nerf
y los tazos que regalan
los Cheetos.

Después saco del carrito
las barbies, las pelucas
y la ropa que alguien
ha puesto por mí.

Mantengo el secreto
de lo que cruza el mostrador
hasta que preguntan en clase
qué me han traído los Reyes.

Elijo la única opción
que no levanta sospechas
y juego solo.

Los mejores regalos de cumpleaños llevan escrito el nombre de mi hermano

Los parques de bolas
huelen a pies de plastilina
que dejan de agarrarse a la pared
en cuanto cumples 10 años.

La cola del maquillaje
es el reto de un concurso de televisión:
solo hay una respuesta correcta
o caerás a los bastidores.

Nunca me puse pelotas bajo la camiseta en la piscina
mi deseo era detener al cuerpo
justo en el momento que precede al cambio.

En ese espacio todavía tenía:
el pecho plano,
las caderas estrechas,
un cuerpo que no sangra
y podía quitarle los regalos
al niño de la otra mesa.

Menú infantil del McDonald's

La masculinidad utiliza juguetes
como unidad de medida
los coches tienen autopeaje
pero los semáforos
nunca reflejan
color ámbar

¿dónde encajo yo
que criaba Nenucos
y les enseñaba a conducir?

Miro con envidia los regalos de los niños
que saben decir: esto no me gusta

Una fiesta de disfraces
es una buena forma
de hacerse el hombre:

me agarro a la escalera del tobogán,
el maquillaje de mariposa
se desliza por mi rostro
borrando la posibilidad
de ser diferente.

Me imagino a un niño
gritándome mariquita;
me caigo de boca,
las manos se llenan
con el color rojizo
del suelo pegajoso.

Una colchoneta amortigua la caída
de quien desea el insulto,
el escozor en los labios
es el efecto colateral.

Pero para ponerle a un niño
una etiqueta cargada de violencia
hay que saber que es un niño.

Después de Educación física
las chicas se cambian de ropa dentro de clase
los chicos esperan fuera

a mí no me queda más remedio que esconderme
y quedarme con la camiseta mojada.

Dibujo mi cuerpo esperando
que la repetición lo cambie

Nadie se lo había prohibido, pero conocía los límites invisibles
del mundo que le estaba prohibido habitar

ALANA S. PORTERO

Se me escapa mi propia imagen
entre las yemas de los dedos.

Intento sujetar lo que me sobra
comprimo la grasa
hasta quedarme sin respiración
pero al menos
tengo el pecho plano.

tras las puertas de un aula
la división niños-niñas
se convierte en el chivatazo
del único top deportivo
entre quince sujetadores

Me baja la regla y pienso
que me he cagado encima

La vergüenza cae por los muslos
y recorre una penitencia
que llega hasta el váter.

Escondo las pruebas
cubriéndolas con papel higiénico
como si el color marrón
no inundase mis bragas.

Mi madre viene a mi cuarto
me habla sobre la sangre
y yo me echo a llorar
como si la mancha
no fuera a borrarse nunca.

Bautizo como Benji a mi personaje del FIFA

Mi padre me enseña un avatar con pelo largo
pero el cursor se queda por encima de la nuca
estableciendo la casilla que me corresponde.

Llego al nivel experto
con tal de ver en una pantalla
un nombre y un cuerpo que me gusten.

Hacerse mayor

Regalo la autocaravana, los Hotwheels, los Lego Duplo,
los Teletubbies, el Pipi Max, los Micromachines,
las Pinypon, el Castillo de Casper
veo que las paredes de casa
están llenas de grietas,
descubro el moho del techo.

La seguridad desaparece
cuando los juguetes se convierten
en algo de niños chicos.

Juego con Playmobil hasta los 15 años

Salgo con mis amigas
y me maquillo para
ser como ellas,
sentirme como ellas.

Copio sus movimientos
con la brocha, copio
sus pasos de baile
en la discoteca.

Lo anoto como una fórmula
que podría repetir
cualquier persona.

Si hago lo que hacen
no querré llegar a casa
para jugar a los tazos
y cromos de fútbol
con mi hermano.

en silencio
con un vestido negro
y el pelo largo y suelto
después de maquillarme

pido a la última uva
un treinta y uno de diciembre
la contracción de mis caderas
que se dilate mi espalda
y hacer morir un nombre

Diecisiete años de dudas
culminan en la fragilidad
que tiene un vaso
al borde de la encimera.

Un leve temblor
mueve el quicio lo suficiente
para que la gravedad
lo estampe contra el suelo.

Acabo de decirle a mi novia
que ~~me siento~~ soy un chico.

Contar un secreto
es tirar la copa
con la que haces
un brindis

My name be buried where my body is,
And live no more to shame nor me nor you
WILLIAM SHAKESPEARE

Cuando te duele algo todo el mundo
quiere tocarlo
MANUEL MATA

El olor de adolescentes sudando
me colapsa los pulmones

Tengo diecisiete años
vivo entre la fragilidad
que separa un cubículo
de un cartel de
salida de emergencia.

Hay una sirena que ha dejado
de significar descanso
y es huida, es pánico
es el movimiento
de una mano
que roza una mejilla
demasiado rápido.

dejé el coche sin las puertas bloqueadas
me paré en un semáforo
abrieron la puerta del conductor
me sacaron a la fuerza
y gritaron mientras me señalaban
que quería ponerme pene

Salida del armario por WhatsApp

Mis pulgares tiemblan ante
el juicio prematuro,
el color azul de un mensaje leído
se traduce en golpes secos.

El silencio de una habitación
se rompe con un mensaje:
nunca llegarás a ser un hombre.

Un cuerpo tiene el peso de las palabras
que le arrojan cuando no mira

Repites en bucle un nombre
que ya no me pertenece
esperando escuchar
lo que no me atrevo a decirte.

Pero me quedo en silencio
deseando que las palabras
sean esa comida pesada
que terminas vomitando.

el pasillo se estrecha
por las voces que hablan de mí
justo cuando no miro

me quedo encerrado
sin saber lo que dicen
pero con la certeza
de que no es bueno

Los profesores nunca ven
la diferencia entre juego y odio

Ignoro las recomendaciones
y tú tatúas en mi nuca la palabra
marimacho.

100 km/h

Estoy solo en el arcén
de una autovía transitada:
las luces de avería
se camuflan entre el sonido
de quienes me piden
que me aparte.

A cien kilómetros por hora
no se ve la brecha del cuerpo
ni la cuneta donde descanso
de tanto ruido.

Llamo al uno uno dos y me cuelgan
pensando que es una broma telefónica

Una petición de auxilio
debe ser anónima
para evitar dos cosas:
que se preocupen demasiado por ti,
que se preocupen demasiado poco.

Marco una línea de asistencia
con la información difusa
de quien no sabe dónde le duele.

Me dicen que si no me han pegado
no pueden hacer nada por mí.

Ruego a la Dirección que no aplique el protocolo antibullying

Una ristra de personas
intenta seguir la marca
de unos neumáticos
que pierden aire
hasta quedar inservibles.

No quiero delatar a nadie
así que solo pido
que pongan un parche,
poder seguir circulando
y que cambien el nombre
en las listas de clase.

la sección de hombres
de una tienda de ropa
es un campo de minas
al que me adentro
como si un paso en falso
pudiese hacerme desaparecer
pero me diera igual

Las cortinas de un probador presencian un momento íntimo

Un niño hambriento
en una tienda de golosinas
no sabe elegir:
le da igual que el azúcar
llene su boca,
solo quiere seguir comiendo.

Intento completar el hueco
que ha estado vacío
demasiado tiempo
a base de probar prendas
que no pienso llevarme.

Compro algo caro que viene sin ticket

Me presento y siento que he tenido
la voz ronca toda la vida.
Después de atragantarme
debería notar algo áspero
marcando la carne.

Pero me doy cuenta
de que llevo dieciocho años
pronunciando mal mi nombre.

Mi primer encuentro con personas trans
es en un entierro

Digo mi nombre por primera vez y
mi garganta se atraviesa
con una madre llorando un hijo
que no es suyo.

Las plantas de los pies se queman con velas de luto
por la muerte prematura
de un desconocido.

Un grupo de figuras no me conoce
y me pide que no sea el próximo como quien reza
esperando
evitar una catástrofe.

Me hago una piarda
para cortarme el pelo

Los mechones caen
sobre un suelo barrido
demasiadas veces.

Una peluquera corta algo
que no volverá a crecer.

Si no pido permiso
nadie puede negármelo

Avanzo a una velocidad
en la que solo puedo
tomar decisiones
en milésimas de segundo.

He cambiado el miedo
a estrellarme por
miedo a que nadie
pronuncie el nombre
que he elegido.

No quiero ser
el tipo de hombre
que nadie piensa que
sea un hombre.

El salón de actos es testigo
de un parto doloroso

Camino en un laberinto:
la única salida es
matar un nombre
y gritar el nuevo.

Entre estas paredes
no puedo distinguir
quién se sorprende
o confirma su sospecha.

Compito con el rumor
dando un mitin
delante de todo el instituto.

quiero fusionarme con la pared
ser cemento
formar parte de un muro de carga
dejar de existir en un plano
donde no soy bienvenido

La palabra ha sido un privilegio toda la vida

PALOMA CHEN

Me han arrebatado mi testimonio
eliminando cada sílaba
una a una.

Ojalá alguien hubiera preguntado
si era verdad lo que decían de mí.

Mi madre me ha dicho
yo mataría por ti
y me imagino sus manos
sujetando un revólver
cargado con el peso
de la enumeración de cosas
que ella no sabe.

Una madre que te dice
que tengas cuidado
es más fiable que un cartel
de tramo de concentración
de accidentes.

Hay lugares que suenan a
desastre inminente
a ver un trozo de neumático
en el asfalto
un quitamiedos partido
por la mitad.

Me pregunto si ella decidiría
apretar el gatillo
al escuchar lo que suena
en la radio rota de mi coche.

Escribir este libro, como la infancia misma, ha sido un carrusel de emociones donde he tenido que elegir con qué juguetes me quedaba y cuáles estarían mejor en otro hogar. Quiero empezar dando las gracias a quienes me acompañaron cuando empecé a balbucear mi nombre.

A mi madre y a mi padre, por ser las piezas de Lego Duplo que siempre me sujetan. A mi hermana y a mi hermano, por acompañarme en el juego de la vida. Gracias a mi familia por arroparme con todos los nombres que he tenido.

Ana López y Ana Calvente, sois los rostros que busco en las funciones de «fin de curso» ahora que soy adulto. Al resto de mi otra familia, mis amigas. Por ser mis compañeras en la mejor etapa de la vida, esa que empieza cuando termina el instituto.

A Auxiliadora Montoro y Jesús Guerrero, que leyeron los textos caóticos de un niño que buscaba habitar otros mundos para poder ser un hombre en ellos y le hicieron sentirse arropado.

Gracias a quienes me han enseñado a utilizar la poesía como un juguete que rompes y vuelves a construir, una y otra vez. A todos mis pumas: sin vosotres, este libro no existiría. Especialmente a Lucía Ferre, que nunca duda en tirarme la torre de Lego al suelo para que pueda construirla de nuevo (y mejor).

A Estefanía Malo, mi melliza poética. A Javier Fernández, por hacerme replantearme mi poesía para ganar la madurez que necesitaba. Y a mis ucopoetas en general, por darme lo que me faltaba para completar este puzle.

Quiero dar también las gracias a quienes me han dado la oportunidad de crecer como poeta: a Alessandra García por abrirme las puertas del Contenedor Cultural para mi propio bautizo. A Ángelo Néstore, por ser mi primera referente en la poesía queer y acogerme en tu regazo. A Martín de Arriba, que ha moldeado el rostro de este libro. Gracias a todo el equipo de Letraversal, por darme esta oportunidad única de la que estoy eternamente agradecido.

No puedo acabar de otra forma que dándole las gracias a quien me recogió como niño cachorro y me enseñó a sacar las garras cual adulto, Violeta Niebla. Todo lo que escriba es gracias a ti.

{La primera edición de *Nombre muerto*
se terminó de imprimir el 18 de febrero de 2024,
ese mismo día de 1930 se descubría Plutón atisbado
tras su débil brillo. En el 2006, por no cumplir con
limpiar la vecindad de su órbita, se considera planeta
enano. En japonés es la estrella del inframundo. Nada
que ver con los grandes y exitosos planetas brillantes,
así son los poetas, dan luz siempre al inframundo}